Les mammifères

Bobbie Kalman et Kristina Lundblad
Traduction de Marie-Josée Brière

D0118314

Catalogage avant publication de Bibliothèque et Archives nationales du Québec et Bibliothèque et Archives Canada

Kalman, Bobbie, 1947-

   Les mammifères

   (Mini monde vivant)
   Traduction de : Animals called mammals.
   Comprend un index.
   Pour enfants de 5 à 8 ans.

   ISBN 978-2-89579-393-9

   1. Mammifères - Ouvrages pour la jeunesse. 2. Mammifères - Ouvrages illustrés - Ouvrages pour la jeunesse. I. Lundblad, Kristina.
II. Titre. III. Collection: Kalman, Bobbie, 1947- . Mini monde vivant.

QL706.2.K34514 2011   j599   C2011-940884-8

Dépôt légal – Bibliothèque et Archives nationales du Québec, 2011
Bibliothèque et Archives Canada, 2011

Titre original : *Animals called Mammals* de Bobbie Kalman et Kristina Lundlblad (ISBN 978-0-7787-2215-1) © 2005 Crabtree Publishing Company, 616, Welland Ave., St. Catharines, Ontario, Canada L2M 5V6

À Joanna, avec amour, du clan Crabtree

Recherche de photos
Crystal Foxton

Conseillère
Patricia Loesche, Ph.D., Programme de comportement animal, Département de psychologie, Université de Washington

Illustrations
Barbara Bedell : pages 4 (gerbille), 5 (gorille, ornithorynque et baleine), 6, 10, 12 (au milieu), 14, 16, 18, 20, 21, 22, 24, 26, 27, 28 (en haut), 29, 31 et 32 (sauf bébé et portée) ; Cori Marvin : pages 4 (chauve-souris) et 28 (en bas) ; Margaret Amy Reiach : pages 4 (cheval), 8 (en haut), 12 (en haut) et 32 (bébé) ; Bonna Rouse : pages 4 (éléphant), 5 (lion et koala), 8 (en bas), 9, 12 (en bas), 23 et 32 (portée)

Photos
Bruce Coleman Inc. : Linda Koebner : page 23 ; Bobbie Kalman : page 11 ; Visuals Unlimited : Theo Allofs : page 13 (en haut)
Autres images : Adobe Image Library, Corbis, Corel, Creatas, Digital Stock, Eyewire et Photodisc

Direction : Andrée-Anne Gratton
Traduction : Marie-Josée Brière
Révision : Johanne Champagne
Mise en pages : Mardigrafe

© Bayard Canada Livres inc. 2011

Nous reconnaissons l'aide financière du gouvernement du Canada par l'entremise du Fonds du livre du Canada (FLC)
pour des activités de développement de notre entreprise.

Conseil des Arts   Canada Council
du Canada   for the Arts

Bayard Canada Livres inc. remercie le Conseil des Arts du Canada du soutien accordé à son programme d'édition dans le cadre
du Programme des subventions globales aux éditeurs.

Cet ouvrage a été publié avec le soutien de la SODEC. Gouvernement du Québec – Programme de crédit d'impôt pour
l'édition de livres – Gestion SODEC.

Bayard Canada Livres
4475, rue Frontenac, Montréal (Québec) H2H 2S2
Téléphone : 514 844-2111 — 1 866 844-2111
Télécopieur : 514 278-0072
edition@bayardcanada.com
www.bayardlivres.ca

Imprimé au Canada

Table des matières

Beaucoup de mammifères

Les mammifères sont des animaux. Il y en a beaucoup de sortes, ou d'espèces. Chaque espèce fait partie d'un groupe. Voici quelques-uns de ces groupes.

sabots

Les chevaux sont des mammifères qui ont des sabots. (Va voir à la page 29.)

Les chauves-souris sont des mammifères qui volent. (Va voir à la page 28.)

Les gerbilles sont des mammifères dont les dents d'en avant sont très longues. (Va voir à la page 27.)

Les éléphants forment leur propre groupe de mammifères.

Les lions sont des mammifères qui ont des dents très coupantes, pour déchirer de la viande. (Va voir à la page 24.)

Les gorilles sont des mammifères qui ont des mains. (Va voir aux pages 22 et 23.)

Les koalas sont des mammifères qui ont une poche pour transporter leurs petits. (Va voir à la page 26.)

Les ornithorynques sont des mammifères qui pondent des œufs. (Va voir à la page 13.)

Les baleines sont des mammifères qui vivent dans l'eau. (Va voir aux pages 20 et 21.)

5

Le corps des mammifères

colonne
vertébrale

Tous les mammifères ont une **colonne vertébrale**. C'est une série d'os au milieu de leur dos. Toi aussi, tu as une colonne vertébrale !

Les éléphants ont une colonne vertébrale.

Des membres utiles

Tous les mammifères ont des
membres. Les bras, les jambes,
les pattes, les nageoires et les
ailes sont des membres. Les
mammifères se servent de leurs
membres pour se déplacer. Ils ne
se déplacent pas tous de la même
manière. Il y en a beaucoup qui
marchent et qui courent. Il y en a d'autres
qui sautent, ou encore qui nagent ou qui volent.
Certains mammifères utilisent également leurs
membres pour prendre des objets.

*Cet ourson déplace un bout de bois
avec ses pattes avant.*

Cette jeune panthère se sert de ses pattes pour marcher, courir et grimper.

Des animaux à sang chaud

La température du corps des renards est à peu près la même en été et en hiver.

Les mammifères sont des animaux à sang chaud. Autrement dit, la température de leur corps reste toujours à peu près la même, qu'il fasse chaud ou qu'il fasse froid autour d'eux. Normalement, si tu prends ta température quelques fois dans une journée, tu verras qu'elle ne varie pas beaucoup. C'est parce que tu as le sang chaud.

Même s'il fait très froid, le corps des renards ne se refroidit presque pas.

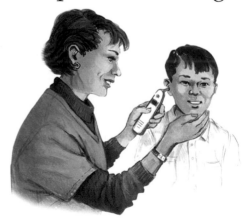

La température de ton corps est normalement d'environ 37°C. Si elle est beaucoup plus élevée, cela pourrait vouloir dire que tu es malade.

Poils ou fourrure ?

La plupart des mammifères ont le corps couvert de poils ou de fourrure. Certains ont une fourrure épaisse, qui les garde au sec et au chaud. D'autres n'ont que quelques poils. Les humains, eux, ont des cheveux. Ces cheveux peuvent être raides ou frisés.

Les chiens et les chats ont le corps couvert de poils.

Le corps des lapins est couvert de poils. Leur fourrure peut être longue ou courte.

Les moutons sont couverts de laine. C'est une sorte de poils doux et frisés.

La respiration

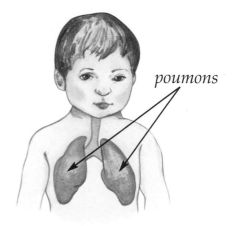

poumons

Pour rester en vie, les mammifères doivent aspirer de l'air et l'expulser après quelques instants. C'est ce qu'on appelle « **respirer** ». Les parties de leur corps qui leur permettent de respirer sont les « poumons ».

Inspiration, expiration

Chaque respiration se compose d'une inspiration suivie d'une expiration. Quand tu inspires, tu fais entrer de l'air par ton nez ou par ta bouche. Cet air se rend ensuite jusqu'à tes poumons. Quand tu expires, tes poumons font sortir l'air par ton nez ou par ta bouche. Cette petite fille fait des bulles. L'air contenu dans les bulles provient de ses poumons.

De l'air à la surface

Les poissons peuvent respirer de l'air sous l'eau, mais les mammifères en sont incapables. Les mammifères qui vivent dans l'eau doivent donc remonter à la surface pour trouver de l'air. Les dauphins sont des mammifères qui vivent dans l'eau. Ils respirent par un évent. C'est un trou sur le dessus de leur tête.

Quand ils ont besoin d'air, les dauphins ouvrent leur évent. Ils le referment quand ils plongent sous l'eau.

L'évent de ce dauphin est ouvert.

L'évent de ce dauphin est fermé.

Les bébés

La plupart des **bébés** mammifères se développent à l'intérieur du corps de leur mère. C'est ce qu'on appelle la « gestation ». Selon les espèces, la gestation peut durer de quelques semaines à plus d'un an. La plupart des bébés mammifères naissent vivants. Autrement dit, ils ne sortent pas d'un œuf comme le font les oiseaux.

Les bébés gorilles naissent vivants.

*Certaines femelles mammifères n'ont qu'un seul bébé à la fois. D'autres ont des **portées.***
Une portée, c'est un groupe de bébés qui naissent en même temps.
Combien de lionceaux y a-t-il dans cette portée ?

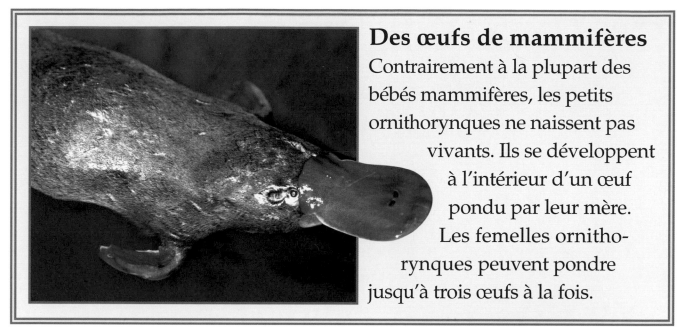

Des œufs de mammifères

Contrairement à la plupart des bébés mammifères, les petits ornithorynques ne naissent pas vivants. Ils se développent à l'intérieur d'un œuf pondu par leur mère. Les femelles ornithorynques peuvent pondre jusqu'à trois œufs à la fois.

Des mères attentives

Les mères mammifères s'occupent généralement de leurs petits après leur naissance. Certains petits restent longtemps avec leur mère, ou avec leur deux parents. D'autres quittent leur mère après quelques mois et doivent alors se débrouiller seuls.

Les petits cerfs portent le nom de « faons ». Certains restent avec leur mère jusqu'à l'âge de deux ans.

Le lait maternel

Les bébés mammifères commencent à boire du lait peu après leur naissance. C'est leur mère qui produit ce lait à l'intérieur de son corps. Les bébés mammifères sont les seuls petits animaux qui boivent du lait. On dit qu'ils « **tètent** ». En grandissant, ils tètent moins souvent. Après un certain temps, ils commencent à manger les mêmes aliments que leurs parents.

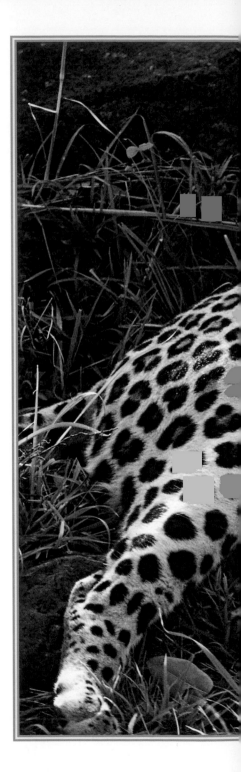

Cette mère phoque moine a un seul bébé qui tète.
La mère léopard, à droite, a deux bébés qui se nourrissent
de son lait en même temps.

L'alimentation des mammifères

Quand ils arrêtent de téter, les petits mammifères doivent trouver eux-mêmes à manger. Ils ont besoin de nourriture pour grandir et rester en santé. Les mammifères ne mangent pas tous les mêmes aliments.

Certains mammifères se nourrissent seulement de plantes. On dit qu'ils sont « herbivores ». Les animaux herbivores mangent de l'écorce, de l'herbe, des feuilles, des graines et des fleurs. Les éléphants, les cerfs et les lapins sont herbivores.

Les lapins mangent de l'herbe et d'autres plantes qui poussent près du sol.

De la viande au menu

Certains mammifères sont carnivores, ce qui veut dire qu'ils mangent d'autres animaux. Les chats, les loups et les furets sont carnivores. Il y a aussi des mammifères qui se nourrissent à la fois de plantes et d'animaux. On dit qu'ils sont « omnivores ». Les ratons laveurs, les ours et les renards sont omnivores.

Les furets sont carnivores. Ils se nourrissent de lapins, de grenouilles, d'oiseaux et de lézards.

Les renards sont omnivores. Ils mangent des grenouilles, des souris et des oiseaux, mais aussi différentes sortes de plantes.

Les habitats des mammifères

Il y a des mammifères à peu près partout dans le monde. Ils vivent dans de nombreux **habitats** différents. L'habitat d'un animal, c'est l'endroit où il se retrouve à l'état naturel. La plupart des mammifères vivent sur la terre ferme. Les forêts, les montagnes et les déserts sont des habitats terrestres. Quelques mammifères vivent dans l'eau, par exemple dans les océans, les lacs ou les rivières.

Les zèbres vivent dans des régions couvertes d'herbes. Ce genre d'habitat s'appelle une « prairie ».

Les carcajous sont des animaux des forêts.

Comme leur nom l'indique, les chèvres des montagnes vivent dans les montagnes.

Les ours polaires vivent dans un habitat froid qu'on appelle « l'Arctique ». Cet habitat est couvert de neige et de glace pendant une bonne partie de l'année.

Les mammifères marins

Les épaulards, ou orques, sont les plus gros des dauphins. Ils passent toute leur vie dans l'océan. Ils chassent des phoques et d'autres dauphins pour se nourrir.

Certains mammifères vivent dans l'océan. Les lamantins, les baleines et les dauphins passent toute leur vie dans l'eau. Les otaries, les phoques et les morses, eux, partagent leur temps entre l'eau et la terre ferme. Ils ont leurs bébés sur la terre ferme, mais ils vont se nourrir dans l'océan.

Les lamantins peuvent rester sous l'eau jusqu'à 20 minutes de suite ! Ils doivent ensuite remonter à la surface pour respirer.

Bien au chaud

La plupart des mammifères marins ont une bonne couche de graisse sous la peau. Cette graisse les aide à conserver leur chaleur. D'autres mammifères marins ont une épaisse fourrure qui les protège du froid.

Les loutres de mer n'ont pas de couche de graisse. C'est leur épaisse fourrure qui les garde au chaud.

Les phoques du Groenland ont une bonne couche de graisse. Les bébés ont aussi une fourrure duveteuse, qu'ils perdent quelques semaines après leur naissance.

Les primates

Les singes, les lémuriens et les humains font partie d'un groupe de mammifères appelés « **primates** ». Il y a de gros primates, comme les gorilles, et des plus petits, comme le galago qu'on voit à gauche.

main de gorille

Des mains habiles

Les primates sont les seuls mammifères qui ont des mains. Chaque main a quatre doigts et un pouce opposable. Les primates se servent de leurs mains pour prendre des objets. Ils les utilisent aussi pour s'accrocher à des branches.

Les macaques japonais vivent en famille, comme beaucoup d'autres primates. Les membres d'une même famille prennent soin les uns des autres.

Les humains sont des primates, tout comme les chimpanzés.
Cette femme observe les chimpanzés pour essayer de mieux les connaître.

Des animaux brillants

Les primates sont des animaux très intelligents !
Ils ont un gros cerveau qui leur permet
d'apprendre rapidement. Certains primates
utilisent des outils pour trouver de la
nourriture et accomplir d'autres tâches.

Les chimpanzés mangent des feuilles, des
fruits, des noix et des insectes. Celui-ci se
sert d'un bâton pour trouver des insectes.

Des dents et des griffes

Certains mammifères possèdent un corps bien adapté à la chasse. Ils ont des dents tranchantes et de longues griffes pointues qui leur permettent d'attraper d'autres animaux pour les manger. Ce sont des prédateurs, comme les chats, les chiens, les renards et les ours.

*Les grands **félins**, comme ce tigre, se servent de leurs dents tranchantes pour tuer les animaux dont ils se nourrissent. Les lions et les léopards sont aussi des grands félins.*

Les ours polaires ont de longues griffes pointues.

Les loups et les chiens

Les loups sont de proches parents de nos chiens de compagnie. Pour trouver à manger, les loups chassent en groupes appelés « meutes ». Les chiens, eux, vivent avec des humains qui les nourrissent et qui prennent soin d'eux.

Ce berger allemand est un chien de compagnie. Il ressemble beaucoup aux loups qu'on voit ci-dessus.

Les marsupiaux

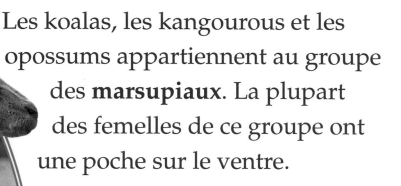

Les koalas, les kangourous et les opossums appartiennent au groupe des **marsupiaux**. La plupart des femelles de ce groupe ont une poche sur le ventre.

C'est dans la poche !

Quand ils naissent, les petits marsupiaux sont minuscules et démunis. Ils s'installent dans la poche de leur mère pour compléter leur développement et pour téter. Après quelques mois, ils sont assez forts pour sortir de la poche.

Ce bébé kangourou est assez gros pour sortir de la poche de sa mère, mais il y retourne quand il est effrayé ou quand il a faim.

Les rongeurs

Les **rongeurs** possèdent, à l'avant de la bouche, des dents longues et tranchantes qui n'arrêtent jamais de pousser ! Ces mammifères doivent donc gruger des objets durs pour éviter que ces dents deviennent trop longues. En même temps, c'est une façon de garder leurs dents bien aiguisées. La plupart des rongeurs ont aussi des griffes pointues.

Le capybara est le plus gros des rongeurs. Il peut peser plus de 45 kilos !

Les marmottes sont des rongeurs. Elles vivent dans les prairies et les forêts.

Les chiens de prairie sont des rongeurs. Ils tirent leur nom de leur habitat et du fait que leurs cris ressemblent à des aboiements de chien.

Les mammifères volants

Les chauves-souris sont les seuls mammifères qui ont des ailes. Ces ailes leur permettent de voler. Les chauves-souris sont toutefois incapables de planer comme les oiseaux. Planer, c'est se laisser glisser dans les airs. Pour rester dans les airs, les chauves-souris doivent battre des ailes sans s'arrêter.

Au menu

Les chauves-souris se nourrissent d'insectes, mais parfois aussi de poissons, de souris et d'oiseaux. Il y a également des chauves-souris qui mangent des fruits.

Quand elles se reposent, les chauves-souris s'accrochent la tête en bas. Généralement, elles dorment le jour et chassent la nuit.

Les mammifères à sabots

Certains mammifères ont des sabots. Un sabot, c'est une couche dure qui protège les pieds d'un animal. Ces sabots peuvent être divisés en plusieurs parties. Ceux des chameaux sont divisés en deux. Ceux des rhinocéros sont divisés en trois. Les sabots des chevaux ne sont pas divisés.

sabot de chameau

Les sabots des chameaux sont divisés en deux.

Les rhinocéros ont des sabots composés de trois parties.

Les sabots des chevaux ne sont pas divisés.

Qui est quoi ?

Essaie de nommer tous les mammifères que les gens peuvent avoir comme animaux de compagnie. Combien en as-tu trouvé ?

Les oiseaux sont-ils des mammifères ? Non. Ils n'ont pas de poils ni de fourrure. Ils ont des plumes.

Il y a des mammifères partout, jusque dans nos jardins ! Tu en as peut-être même un comme animal de compagnie. Regarde les animaux que nous te présentons ici. Lesquels sont des mammifères ? Et lesquels n'en sont pas ?

Rappelle-toi :

- La plupart des mammifères ont le corps couvert de poils ou de fourrure.
- Les mammifères ont le sang chaud.
- Les bébés mammifères boivent du lait.
- Certains mammifères vivent sur la terre ferme, et d'autres vivent dans l'eau.
- Les mammifères respirent de l'air.

Les furets sont-ils des mammifères ? Oui. Quand il était bébé, ce furet buvait le lait de sa mère.

Les poissons sont-ils des mammifères ? Non. Ce ne sont pas des animaux à sang chaud.

Les lézards sont-ils des mammifères ? Non. Les mères lézards ne produisent pas de lait à l'intérieur de leur corps pour nourrir leurs bébés.

Les ratons laveurs sont-ils des mammifères ? Oui. Ils respirent de l'air.

Index et mots à retenir

bébés
pages 5, 12-13, 14,
20, 21, 26, 30 et 31

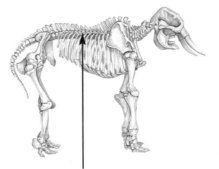

colonne vertébrale
page 6

félins
pages 9, 17 et 24

désert   *forêt*

habitats
pages 18-19

marsupiaux
page 26

portées
page 12

primates
pages 22-23

poumons

respirer
pages 10-11,
20, 30, 31

rongeurs
page 27

téter
pages 14, 16 et 26